Con la energía del Sol

Joseph Otterman

✸ Smithsonian

Asesores

Brian Mandell
Especialista de programa
Smithsonian Science Education Center

Sara Cooper
Maestra de tercer grado
Distrito Escolar Fullerton

Chrissy Johnson, M.Ed.
Maestra, escuela primaria Cedar Point
Escuelas del Condado de Prince William, Virginia

Créditos de publicación

Rachelle Cracchiolo, M.S.Ed., *Editora comercial*
Conni Medina, M.A.Ed., *Redactora jefa*
Diana Kenney, M.A.Ed., NBCT, *Realizadora de la serie*
Emily R. Smith, M.A.Ed., *Directora de contenido*
Véronique Bos, *Directora creativa*
Robin Erickson, *Directora de arte*
Michelle Jovin, M.A., *Editora asociada*
Caroline Gasca, M.S.Ed., *Editora superior*
Mindy Duits, *Diseñadora de la serie*
Kevin Panter, *Diseñador gráfico superior*
Walter Mladina, *Investigador de fotografía*
Smithsonian Science Education Center

Créditos de imágenes: pág.6 © Smithsonian; pág.8 Martyn Jandula/ Shutterstock; pág.9 AFP/Getty Images; pág.16 (derecha), pág.17 (centro) cortesía de Radwanul Hasan Siddique; KIT/Caltech; pág.18, pág.19 (superior, centro) NASA; pág.19 (inferior) Jean-Marc Giboux/Gamma-Rapho a través de Getty Images; todas las demás imágenes cortesía de iStock y/o Shutterstock.

Library of Congress Cataloging-in-Publication Data

Names: Otterman, Joseph, 1964- author. | Smithsonian Institution.
Title: Con la energía del sol / Joseph Otterman.
Other titles: Powered by the sun. Spanish
Description: Huntington Beach : Teacher Created Materials, 2020. | Audience: K to grade 3.
Identifiers: LCCN 2019039003 (print) | LCCN 2019039004 (ebook) | ISBN 9780743925990 (paperback) | ISBN 9780743926140 (ebook)
Subjects: LCSH: Sun--Juvenile literature. | Solar energy--Juvenile literature.
Classification: LCC TJ810.3 .O8818 2019 (print) | LCC TJ810.3 (ebook) | DDC 333.792/3--dc23

☀ Smithsonian

Teacher Created Materials

5301 Oceanus Drive
Huntington Beach, CA 92649-1030
www.tcmpub.com

ISBN 978-0-7439-2599-0
© 2020 Teacher Created Materials, Inc.
Printed in Malaysia
Thumbprints.25940

Contenido

3

Deja entrar la luz solar

La vida en la Tierra existe gracias al Sol. Los seres vivos obtienen energía del Sol. El Sol nos da calor y luz. No podemos vivir sin él.

Este dibujo muestra el Sol, la Tierra y la luna de la Tierra.

El Sol también ayuda a las personas a pensar sus mejores ideas. Las personas estudian el Sol. Prueban su energía. Observan cómo actúan los seres vivos a la luz solar. Luego, usan lo que aprenden para crear cosas nuevas.

La Pared Solar muestra cómo es la superficie del Sol.

Esta científica se fija si las plantas reciben suficiente luz solar.

En la mochila

Esta parece una mochila común. Pero lleva un **panel solar**. El panel obtiene energía del Sol. La energía se puede usar para cargar un teléfono.

Innovaciones

Muchas cosas han surgido de estudiar el Sol. Son *innovaciones*. Las innovaciones son nuevas maneras de hacer las cosas. Hacen que la vida sea más fácil.

Este carro eléctrico se carga debajo de unos paneles solares.

Este barco funciona con energía solar.

Los girasoles

Los girasoles apuntan al Sol a medida que crecen. Así reciben más energía.

Las personas han montado espejos como si fueran pétalos de girasol. Los espejos reciben energía solar. También se mueven siguiendo el Sol.

Estos paneles solares están puestos como los pétalos de una flor y se mueven siguiendo el Sol.

La electricidad

Hemos aprendido a recolectar energía del Sol. Podemos usarla para hacer vapor. El vapor hace girar unas **turbinas**. El movimiento produce **electricidad**. ¡Y todo empieza con el Sol!

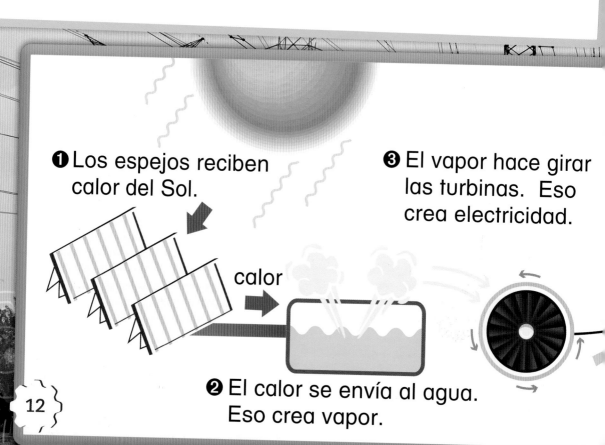

❶ Los espejos reciben calor del Sol.

calor

❸ El vapor hace girar las turbinas. Eso crea electricidad.

❷ El calor se envía al agua. Eso crea vapor.

❺ Las casas reciben electricidad.

❹ La electricidad viaja por los cables.

13

El horno solar

El Sol libera mucho calor. Las personas han aprendido a cocinar con ese calor. Solo se necesita un horno solar. Es fácil comprar o hacer un horno solar. No cocina rápido, ¡pero cocina bien!

Este horno solar cocina una olla de arroz.

Este horno solar calienta agua para hacer café.

Té solar

Los que beben té helado no necesitan una estufa para hacer té. Pueden usar el calor del Sol. Hay que poner agua en un recipiente de vidrio cerrado. Luego, se agregan saquitos de té, ¡y el Sol hace el té!

Las alas de las mariposas

La mariposa rosa común es negra en realidad. Sus alas delgadas toman energía del Sol. Algunos paneles solares se hacen igual que estas alas. Son delgados pero fuertes. Toman energía con facilidad.

mariposa rosa común

Este panel solar está hecho como el ala de una mariposa rosa común.

Está en los ojos

Algunos insectos tienen muchas **lentes** en los ojos. Hay paneles solares que son así. La forma de los paneles permite ponerlos juntos. Los paneles solares de este tipo son fuertes.

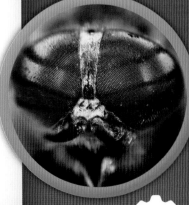

Bajo el Sol

Podemos hacer muchas cosas con la energía del Sol. ¿Quién sabe qué cosas geniales traerá cada nuevo día? ¡No dejes de brillar, Sol!

Esta mujer revisa la comida que cultivó con la energía del Sol.

Este avión
funciona con
energía solar.

Este panel solar
se puede doblar.

Este carro de carreras
funciona con energía solar.

DESAFÍO DE CTIAM

El problema

Tu clase de arte solo tiene trozos de crayones rotos. Tu trabajo es derretir y mezclar los trozos viejos para hacer crayones nuevos. Debes usar energía solar para hacerlo. ¿Qué harás?

Los objetivos

- Crea un dispositivo que use el Sol para derretir los crayones y unirlos.
- Crea una parte de tu dispositivo que pueda contener los crayones.
- Crea tu dispositivo con los materiales que quieras. Una caja, papel de aluminio y plástico para envolver pueden servir.

Investiga y piensa ideas

¿Cuál es la mejor manera de derretir crayones usando energía solar? ¿Cuánto tardan los crayones en derretirse?

Diseña y construye

Dibuja tu plan. ¿Cómo funcionará? ¿Qué materiales usarás? Construye tu dispositivo. ¡Ten cuidado de no quemarte!

Prueba y mejora

Quita el papel de los crayones. Pon los crayones en tu dispositivo. Coloca tu dispositivo donde le dé la luz solar. ¿Los crayones se derriten y se mezclan? ¿Puedes mejorar tu dispositivo? Vuelve a intentarlo.

Reflexiona y comparte

¿Cuántos trozos se derritieron? ¿Algunos colores se derritieron más rápido que otros? ¿Los nuevos crayones que formaste funcionan bien?

Glosario

electricidad

lentes

panel solar

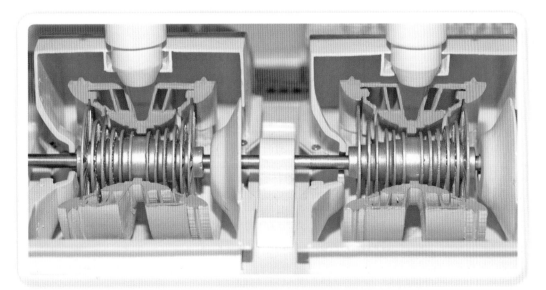

turbinas

¿Quieres usar el Sol para hacer funcionar innovaciones? Estos son algunos consejos para empezar.

"Piensa nuevas ideas que puedan ayudar a las personas. Luego, intenta construirlas. Si no te sale bien, ¡vuelve a intentarlo!".
—Susan Tolbert, curadora

"¡La creatividad y la resolución de problemas son partes importantes de CTIAM! Si quieres diseñar y hacer funcionar innovaciones, ¡nunca debes darte por vencido!".
—Mike Hulslander, director de la galería Cómo vuelan las cosas